BEI GRIN MACHT SICH IHR WISSEN BEZAHLT

- Wir veröffentlichen Ihre Hausarbeit,
  Bachelor- und Masterarbeit

- Ihr eigenes eBook und Buch -
  weltweit in allen wichtigen Shops

- Verdienen Sie an jedem Verkauf

Jetzt bei www.GRIN.com hochladen und kostenlos publizieren

GRIN

Bibliografische Information der Deutschen Nationalbibliothek:

Die Deutsche Bibliothek verzeichnet diese Publikation in der Deutschen National-
bibliografie; detaillierte bibliografische Daten sind im Internet über http://dnb.d-
nb.de/ abrufbar.

Impressum:

Copyright © 2010 GRIN Verlag, Open Publishing GmbH
Druck und Bindung: Books on Demand GmbH, Norderstedt Germany
ISBN: 9783640580866

Dieses Buch bei GRIN:

http://www.grin.com/de/e-book/148204/aspekte-zur-entwicklung-einer-gerontago-
gischen-konzeption-fuer-eine-seniorenarbeit

Hans E. Gerr

Aspekte zur Entwicklung einer gerontagogischen Konzeption für eine Seniorenarbeit in den Kommunen

GRIN Verlag

GRIN - Your knowledge has value

Der GRIN Verlag publiziert seit 1998 wissenschaftliche Arbeiten von Studenten, Hochschullehrern und anderen Akademikern als eBook und gedrucktes Buch. Die Verlagswebsite www.grin.com ist die ideale Plattform zur Veröffentlichung von Hausarbeiten, Abschlussarbeiten, wissenschaftlichen Aufsätzen, Dissertationen und Fachbüchern.

Besuchen Sie uns im Internet:

http://www.grin.com/

http://www.facebook.com/grincom

http://www.twitter.com/grin_com

Hans E. Gerr

*Aspekte zur Entwicklung
einer gerontagogischen Konzeption
für eine Seniorenarbeit
in den Kommunen*

1. Auflage 2010

„Es ist nicht wenig Zeit,
die wir haben,
sondern es ist viel Zeit,
die wir nicht nutzen!"

Lucius Annaeus Seneca

Inhalt

Inhalt... 3

Vorwort 4

1. Zur Situation im Seniorenalter 5

2. Lebenslanges Lernen 7

3. Berücksichtigung reformpädagogischer Prinzipien bei der
   Seniorenarbeit.. 8

3.1 Bedürfnisorientierung 8

3.2 Lernen durch Handeln und durch Erfahrung 9

3.3 Gruppenarbeit.. 10

3.4 Orientierung an Werten und Regeln 10

3.5 Erlebnis und Abenteuer... 11

3.6 Naturverbundenheit und gesundes Leben............................... 12

4. Aspekte zur Entwicklung einer gerontagogischen Konzeption....... 14

4.1 Methodische Gesichtspunkte 14

4.1.1 Bildung kleiner Seniorengruppen (Freundeskreise) 14

4.1.2 Bedürfnisorientierte Aktivitäten und Offenheit für neue
      Erfahrungen... 17

4.1.3 Leben demokratischer Werte 18

4.2 Ziele einer Seniorenarbeit 20

4.3 Attraktive Programme (Inhalte)... 23

5. Organisatorische Gesichtspunkte....................................... 26

Literatur... 29

Der Verfasser 30

Vorwort

Bei der Altersstruktur der Bevölkerung in der Bundesrepublik Deutschland ist ein zunehmender Anteil älterer Menschen festzustellen, was nicht nur Probleme beim Rentensystem verursacht, sondern auch bei der, durch den medizinischen Fortschritt bedingten höheren Lebenserwartung und dem damit verbundenen größeren Pflegeaufwand finanzielle Schwierigkeiten im Gesundheitswesen mit sich bringt. Mit bedingt durch den demographischen Wandel, steigt die Zahl der an Demenz erkrankten älteren Menschen; bei einer gesunden Lebensweise mit viel körperlichen und geistigen Aktivitäten könnte eine vorbeugende Wirkung erzielt werden. Der heutige Trend, ältere Menschen in Senioren- oder Pflegeheimen unterzubringen, kann nicht die alleinige sozialpolitische Antwort auf den demographischen Wandel sein. Nicht nur im Hinblick auf eine gesunde Lebensführung, bei der explosionsartige Kosten im Gesundheitssystem vermieden werden könnten, auch bezüglich einer sinnvollen Gestaltung des letzten Lebensabschnitts, ist eine verstärkte Seniorenarbeit in den Kommunen anzustreben.

Zwar werden heute in den Gemeinden den Bürgern im Seniorenalter verschiedene Veranstaltungen wie Fortbildungsvorträge, Computer- und Gymnastikkurse oder Busfahrten zu kulturellen Veranstaltungen angeboten; diese Hilfen, die in einer **offenen Seniorenarbeit** gewährt werden, sind aber meist nicht ausreichend, um alle Probleme, die das Seniorenalter mit sich bringt, zu bewältigen. Auch ist mit so einem Angebot eine systematische und umfassende Förderung der Fähigkeiten älterer Menschen kaum zu gewährleisten bzw. eine möglichst lange Erhaltung vorhandener Kompetenzen zu erreichen. Eine erprobte und umfassende alterspädagogische Konzeption für eine Arbeit mit Seniorinnen und Senioren in den Kommunen existiert bis heute noch nicht.

Ziel dieser Abhandlung ist es, wesentliche Gesichtspunkte zur Entwicklung einer bedarfsgerechten gerontagogischen Konzeption, die als Handlungsmodell für die Umsetzung einer Seniorenarbeit in Gemeinden und Städten dienen kann, aufzuzeigen. Ein solches Modell für eine Seniorenpraxis kann nur idealtypischen Charakter besitzen; es muss den örtlichen Bedingungen und den menschlichen Bedürfnissen angepasst und permanent weiterentwickelt werden. Die bereits in den Kommunen bestehende soziale Arbeit im Dienste älterer Menschen soll und kann damit nicht ersetzt werden.

1. Zur Situation im Seniorenalter

Ergebnisse der im Frühjahr 2008 von Sozialwissenschaftlern der Universität Osnabrück durchgeführten repräsentativen Studie „50plus" zeigen, dass sich die Grenze zwischen „Alt-Sein" und „Nicht-Alt-Sein" um etwa fünfzehn Jahre „nach oben verschoben" hat (vgl. Otten/Melsheimer 2009, S. 31). Im Vergleich zu früheren Zeiten, in denen die Menschen nach Ausscheiden aus dem Berufsleben früher körperlich, psychisch und auch sozial degenerierten, fühlen sich heute die Senioren bis zum siebzigsten Lebensjahr und auch noch darüber hinaus im Allgemeinen noch nicht als alt.

Ein Grund dafür kann in der gesellschaftlichen Situation gesehen werden; deshalb kann auch die durchschnittliche Lebenserwartung in verschiedenen Ländern unterschiedlich sein. Beeinflussende Faktoren sind unter anderem Kultur, Bildung, Einkommen sowie die Ernährung und der medizinische Fortschritt. Therapeutische Hilfen und medikamentöse Maßnahmen tragen zur Gesundheit und zur relativen Beschwerdefreiheit und damit zur Erhöhung der Lebensqualität bei. Das Alter wird von nicht wenigen Seniorinnen und Senioren als Lebensabschnitt begriffen, in dem Zeit für eine Selbstverwirklichung vorhanden ist.

Von vielen Menschen im Seniorenalter wird heute erkannt, dass der Eintritt in den Ruhestand auch eine Befreiung von den beruflichen Alltagszwängen bedeuten kann; der gewonnene Freiraum wird als Chance begriffen, sich Aktivitäten zu widmen, für die man in der vorausgegangenen Lebensphase zu wenig Zeit hatte. Viele Senioren erfahren das Rentenalter als einen spannenden und faszinierenden Lebensabschnitt, der einen Freiraum für Erlebnisse und Abenteuer bietet. So nutzen beispielsweise manche Senioren und Seniorinnen die gewonnene Freizeit dazu, mit dem Wohnmobil Europas schöne Regionen zu erkunden. Andere arbeiten sich in neue Technologien ein; beispielsweise lernen sie mit dem PC umzugehen und E-Mails schreiben. Durch selbst gesteuertes Lernen erlangen sie die nötigen Kompetenzen, um das Internet als Informationsquelle und als Kommunikationsmedium nutzen zu können. Sich auch im Alter immer wieder neuen Anforderungen zu stellen und sie zu bewältigen, kann die Lebensfreude und die Lebensqualität erhöhen. Auch im Hinblick auf eine sinnvolle Freizeitgestaltung ist deshalb eine Förderung der kreativen Potenziale der Seniorinnen und Senioren notwendig (vgl. Gerr 2008, S. 4).

Neben den Aktivitäten, die im Seniorenalter zu einer Selbstverwirklichung beitragen, suchen manche Ältere – meistens sind es Menschen, die in ihrer Berufstätigkeit eine Erfüllung gefunden haben – nach berufsähnlichen Tätigkeiten (vgl. Otten/Melsheimer 2009, S. 33); dabei geht es heute den meisten Menschen im Seniorenalter nicht um ein Hinzuverdienen, da sie häufig durch ihre Rente und durch persönliche Vorsorge gut abgesichert sind. Eine berufliche Tätigkeit über die Altersgrenze hinaus wird deshalb von der heutigen Seniorengeneration meist nicht aus ökonomischen Gründen ausgeübt, sondern weil sie ihrem Leben mehr Sinnerfüllung gibt. Dieser Bedarf an berufsähnlichen Betätigungen könnte auf kommunaler Ebene genutzt werden. Die gegenwärtige Situation dürfte sich in der Zukunft ändern, da voraussichtlich immer mehr Menschen, die auf eine staatliche Grundsicherung angewiesen sind, in das Rentenalter kommen werden.

Es gibt aber auch Menschen im Seniorenalter, die sich nach Ausscheiden aus dem Berufsleben nutzlos und auf das „Abstellgleis geschoben" fühlen, was unter anderem negative Auswirkungen auf ihr Selbstwertgefühl zur Folge haben kann. Zu einer solchen Situation kann auch der Statusverlust, der mit dem Ausscheiden aus dem Arbeitsleben verbunden ist, beitragen. Manche ältere Menschen sind vereinsamt und geraten in eine depressive Stimmungslage, was sich beispielsweise auch auf die körperliche Gesundheit auswirken kann. Viele Senioren verbringen einen großen Teil ihrer freien Zeit vor dem Fernseher; damit ist auf Dauer ein schnellerer Verlust ihrer körperlichen und geistigen Fähigkeiten verbunden.

Erhöhte Krankheits- und Pflegekosten, die Frauen und Männer im Seniorenalter verursachen, aber auch die Kompetenzen und Erfahrungen älterer Menschen, die mit Eintritt in den Ruhestand oder in das Rentenalter unserer Gesellschaft verloren gehen, bedeuten in volkswirtschaftlicher Hinsicht einen erheblichen Schaden, den man sich eigentlich in der gegenwärtigen wirtschaftlichen Situation nicht leisten kann.

Nicht nur bezüglich der Einsparung von Krankheits- und Pflegekosten und der Nutzung von Fähigkeiten und Erfahrungen älterer Menschen für das Gemeinwesen ist eine Intensivierung der Seniorenarbeit in den Kommunen sinnvoll. Vor allem ist im Hinblick auf eine Lebensgestaltung, die für ältere Mitbürgerinnen und Mitbürger mit einer Sinnerfüllung verbunden ist, die Entwicklung einer **gerontagogischen Konzeption** für eine Seniorenarbeit von Bedeutung. Die Umsetzung eines erprobten Handlungsmodells in den Kommunen könnte einen wesentlichen Beitrag zur Erhöhung der Lebensqualität im Seniorenalter leisten.

2. Lebenslanges Lernen

Bei der Themenstellung wird die Formulierung „**gerontagogische Konzeption**" gewählt. Während der Terminus „Erziehung" für das Kindes- und Jugendlichenalter verwendet wird (Kinder und Jugendliche sollten alles Notwendige lernen, was sie als Erwachsene in unserer Gesellschaft benötigen), wird im Erwachsenenbereich vorwiegend der Begriff „Bildung" („Erwachsenenbildung") gebraucht; man geht davon aus, dass Lernprozesse auch im Erwachsenenalter noch möglich sind.

Die „**Gerontagogik**" oder „**Geragogik**" (H. Petzold) wird heute als Teilgebiet der Gerontologie (Wissenschaft vom Altern) aufgefasst. Entsprechend dem aus dem Griechischen stammenden Begriff „Pädagogik", der „Kinder anleiten oder hinführen" bedeutet, kann man „Gerontagogik" als das „Anleiten oder Hinführen älterer Menschen" interpretieren. Diese Bedeutung impliziert die Annahme einer Lernfähigkeit bis ins hohe Alter. Die „**Andragogik**" hat als verwandte Wissenschaft das „lebenslange Lernen" im Erwachsenenalter zum Forschungsgegenstand. Die Begriffe „Gerontagogik" und „Geragogik" werden in dieser Abhandlung synonym verwendet.

Nach gegenwärtigen Erkenntnissen und Erfahrungen können Lern- und auch Selbsterziehungsprozesse ein Leben lang andauern; man spricht von „**lebenslangem Lernen**". Beispielsweise sind Erwachsene in ihren sozialen Lernprozessen unterschiedlich weit vorangekommen. Auch im Seniorenalter ist deshalb soziales Lernen noch möglich. Dass die Anregung zu einem bewussten Leben von demokratischen Werten auch noch im Seniorenalten sinnvoll ist, dafür spricht beispielsweise auch die Tatsache, dass sowohl im privaten Bereich, aber auch in Wirtschaft und Politik häufig nicht immer nach ethischen Regeln gehandelt wird.

Nicht nur im Berufsleben sind, bedingt durch die wechselnden Arbeitsanforderungen, eine ständige Weiterbildung und häufig auch ein Umlernen unerlässlich; auch im Seniorenalter ist „lebenslanges Lernen" im Hinblick auf die Lösung von Problemen im Alltag, die eine ständig sich wandelnde Gesellschaft mit sich bringt, hilfreich. Durch eine Bewältigung neuer Anforderungen wird auch das positive Selbstbild, das Seniorinnen und Senioren über ein erfolgreiches Berufsleben erworben haben, aufrechterhalten.

Im Allgemeinen sind also auch im Erwachsenenalter die Personalisations- und Sozialisationsprozesse noch nicht abgeschlossen. Das Prinzip „life-long-learning" ist heute unbestritten.

3. Berücksichtigung reformpädagogischer Prinzipien bei der Seniorenarbeit

Bei der Entwicklung einer gerontagogischen Konzeption können reformpädagogische Grundsätze einen wichtigen Beitrag liefern. Die reformpädagogische Bewegung, die zu Beginn des 20. Jahrhunderts ihren Anfang nahm und international verbreitet war, rückte das Kind in den Mittelpunkt der Erziehung. Diese Bewegung hatte verschiedene Ausprägungen (Landerziehungsheimbewegung, Jugendbewegung, Bewegung vom Kinde aus, Kunsterziehungsbewegung, Arbeitsschulbewegung etc.), deren Grundsätze zur Entwicklung einer modernen Pädagogik und auch Alterspädagogik wichtige Impulse vermitteln können.

Wenn man die Erziehungsgrundsätze von **Lord Robert Baden-Powell of Gilwell** (1857-1941), dem Gründer der pfadfinderischen Erziehungsbewegung, mit denen der reformpädagogischen Bewegung vergleicht, so ist erkennbar, dass sein Konzept einer Selbsterziehung nicht nur in diese Bewegung passt, sondern dass er auch als der vielseitigste und im Hinblick auf die Erziehungswirkungen als der bedeutendste Reformpädagoge anzusehen ist. Deshalb kann bei der Entwicklung einer Seniorenkonzeption eine Orientierung an bestimmten pädagogischen Grundsätzen der pfadfinderischen Erziehungsbewegung hilfreich sein. Die folgenden reformpädagogischen Grundsätze können bei der Entwicklung einer gerontagogischen Konzeption Berücksichtigung finden.

3.1 Bedürfnisorientierung

Die bekannte italienische Ärztin und Pädagogin **Maria Montessori** (1870-1952) war eine Vertreterin der reformpädagogischen Bewegung „vom Kinde aus"; sie fordert bei der Erziehung die Berücksichtigung „der Welt des Kindes" (vgl. Montessori 1954, S. 48 f.). Auch Robert Baden-Powell kann als Vertreter dieser Bewegung angesehen werden. In der Pfadfinderbewegung wird der Grundsatz „look at the boy" („look at the girl") verwirklicht. Robert Baden-Powell fordert, die Welt des Kindes und der Jugendlichen zu berücksichtigen und wendet sich gegen die veralterten Schulmethoden. Pfadfinden (Scouting) bedeutet für ihn keine „einengende Erziehung", sondern Hilfe zur Selbsterziehung. **Bedürfnisorientierung** beim Pfadfinden bezieht sich auf die Bereiche „Ziele, Programme und Methoden", was in einer Altersstufenarbeit zum Ausdruck kommt (vgl. Gerr 1998, S. 92 ff.).

Auch bei der Verwirklichung einer Seniorenarbeit ist die Orientierung an den Bedürfnissen und Wünschen älterer Menschen unerlässlich, da sonst eine aktive Teilnahme an den regelmäßigen Seniorenaktivitäten nicht erwartet werden kann. Bedürfnisorientierte Seniorenarbeit bezieht sich einerseits auf die Wünsche und Interessen (z. B. kulturelle Bedürfnisse wie Konzert- oder Theaterbesuche), andererseits auf gerontagogische Bedürfnisse, welchen durch die spezifische Situation des Alters Rechnung zu tragen ist (z. B. Erhaltung der Gesundheit oder der motorischen und geistigen Fähigkeiten).

3.2 Lernen durch Handeln und durch Erfahrung

Für den amerikanischen Philosophen und Pädagogen **John Dewey** (1859-1952) bedeutet Erfahrung nicht nur „passives Hinnehmen von Ereignissen", bei denen die Unsicherheit und Grenzen menschlicher Existenz erfahren werden; Dewey betont die Möglichkeit aktiver Einflussnahme durch den Menschen: „Die aktive Seite der Erfahrung ist Ausprobieren, Versuch, man macht Erfahrungen" (Dewey 1993, S. 186). J. Dewey stellt den experimentellen Charakter der Erfahrung heraus; Erfahrung bedeutet für ihn ein „Experiment mit der Welt zum Zwecke ihrer Erkennung" (Dewey 1993, S. 187).

Der pfadfinderische **Tätigkeitsgrundsatz** und das **Lernen durch Erfahrung** erinnert an den pädagogischen Pragmatismus von John Dewey. Die typisch pfadfinderischen Aktivitäten wie die Erkundung der Umwelt, die Suche nach neuen Wegen sowie das selbst organisierte und selbst bestimmte Handeln in den Gruppen, in denen soziale Belange demokratisch geregelt werden, entspricht der Auffassung von John Dewey.

Ein „Lernen durch Handeln und durch Erfahrung" sollte auch ein methodischer Grundsatz bei einer Seniorenarbeit in den Kommunen sein. Erst eine gedankliche Aufarbeitung (Reflexion) der gemeinsamen Gruppenerlebnisse beim Handeln ermöglicht einen echten Erfahrungsgewinn. In diesem Zusammenhang spricht John Dewey von „denkender Erfahrung" (vgl. Dewey 1993, S. 195). Selbst organisierte und selbsttätig durchgeführte Unternehmungen in den Seniorenkreisen können aus einer Konsumhaltung herausführen und die Eigenaktivität fördern.

3.3 Gruppenarbeit

Ein genialer Entwurf Baden-Powells ist das pfadfinderische Kleingruppensystem, bei dem ein integratives Leitungsprinzip, nämlich die Leitung durch Gleichaltrige und durch junge Erwachsene, verwirklicht wird. Die **Gruppenarbeit** („Stammgruppen") war und ist auch ein wichtiges Element in der Jenaplan-Schule von **Peter Petersen** (1884-1952). Petersen fordert die Gruppenarbeit in den Schulen auch, damit Gemeinschaft entstehen kann. In einer Gruppenarbeit können soziale Lernprozesse gefördert werden. In seiner Schrift „Der Kleine Jena-Plan" spricht Petersen von „Sozialbildung" (vgl. Petersen 1980, S. 39).

Auch bei der Seniorenarbeit ist die Bildung von kleinen Gruppen, die sich als Freundschaftskreise verstehen, sinnvoll. Die Integration in eine kleine Gruppe ermöglicht in besonderer Weise eine weitere Persönlichkeitsförderung (Aufbau von Ich-Identität, Sozialkompetenz etc.), da die Kleingruppe den Mitgliedern unter anderem die Möglichkeit bietet, Mitverantwortung für andere zu übernehmen.

3.4 Orientierung an Werten und Regeln

Wie kein anderer Pädagoge hat es Baden-Powell verstanden, junge Menschen zu einem Handeln anzuregen, das sich an Werten und Normen (Verhaltensregeln) orientiert.

Dieser Grundsatz wurde ansatzweise auch in der reformpädagogischen Bewegung verwirklicht. Beispielsweise passt Baden-Powells **Friedenserziehung**, die über alle nationalen Grenzen hinweg ein „Leben von Freundschaft zu allen Menschen" erstrebt, auch zu den Zielen der internationalen Vereinigung der „**New Education Fellowship**" (1920-1935), zu deren Initiatoren und Anhängern unter anderem auch John Dewey, Maria Montessori, Paul Geheeb und Célestin Freinet zählten.

Zur freiwilligen Verpflichtung, nach pfadfinderischen Regeln und Werten zu leben, gehören unter anderem die Anerkennung von religiösen Verpflichtungen (z. B. das Leben religiöser Werte oder die Spiritualität), die Verpflichtung gegenüber anderen Menschen und gegenüber der Schöpfung (z. B. Einsatz für Frieden, Freiheit und Gerechtigkeit oder der aktive Umwelt- und Naturschutz) und die Verpflichtung gegenüber sich selbst (z. B. durch eine gesunde Lebensführung).

Das „Pfadfinden" („Scouting") als Weg einer **Erziehung zur „Demokratie"**, die als „**Form des Zusammenlebens**" (vgl. Dewey 1993, S. 121) im Alltag verwirklicht wird, kann auch als wesentlicher Gesichtspunkt für die Praxis der Seniorenaktivitäten gelten. „Gelebte Demokratie schließt eine aktive Mitverantwortung für die Menschen und die Mitwelt ein" und verwirklicht sich durch eine „tätige Schöpfungsverantwortung" (vgl. Gerr [2]2009, S. 12 f.). Demokratisches Handeln zeigt sich in einem respektvollen Umgang mit allem Leben, beispielsweise im Einsatz für menschenwürdige Verhältnisse in allen Bereichen unserer Gesellschaft, aber auch im Kampf gegen einen würdelosen Umgang mit Tieren aus Profitgründen. Die Berücksichtigung dieses Grundsatzes in der Seniorenarbeit kommt dem Bedürfnis vieler älterer Menschen entgegen, moralischen Ansprüchen beim Handeln gerecht zu werden.

3.5 Erlebnis und Abenteuer

Einen wesentlichen Einfluss hat Baden-Powell auf **Kurt Hahn** (1886-1974) ausgeübt. Der Begründer der Kurzschulen, die heute unter dem Namen „Outward Bound Schools" international verbreitet sind und die erlebnistherapeutische Kurse für Jugendliche anbieten, gilt als der „Vater der **Erlebnispädagogik**". Als Mitglied im Oberhaus unterstützte Baden-Powell den nach England emigrierten Berliner Juden Kurt Hahn bei seinen pädagogischen Plänen. Erlebnis und Abenteuer sind auch beim Pfadfinden zentrale Elemente. Die Ähnlichkeit zwischen Hahns und Baden-Powells Ansätzen ist auffallend (vgl. Gerr 2000, S. 21). Auf die Frage eines Amerikaners nach der Originalität der Pädagogik Hahns bei einer Führung in Salem sagte Max Prinz von Baden: „We have stolen (...) from the Boy Scouts" (vgl. Röhrs 1991, S. 127).

Unternehmungen mit Erlebnis- und Abenteuercharakter können eine Arbeit in den Seniorenkreisen attraktiv machen und die aktive Teilnahme der Mitglieder mobilisieren. Solche Unternehmungen sprechen alle Kräfte im Menschen an, so beispielsweise die Fantasie, die Kreativität, motorische und geistige Fähigkeiten, soziales Verhalten, Einsatzbereitschaft und die Mitverantwortung für die Gruppe. Abenteuerliche Unternehmungen fordern den ganzen Menschen und tragen zur Steigerung der Lebensfreude und -qualität bei.

3.6 Naturverbundenheit und gesundes Leben

In der Reformpädagogik spielten diese Grundsätze vor allem in der Jugendbewegung, aber auch in der Landerziehungsheimbewegung (**Hermann Lietz, Gustav Wyneken** u. a.) eine Rolle.

Schon in der Frühphase der Pfadfinderbewegung war die Gesundheitserziehung Teil der „staatsbürgerlichen Erziehung" Baden-Powells (vgl. Gerr [2]1996, S. 45 ff.). Eine gesunde Lebensweise entspricht dem pfadfinderischen Grundsatz einer Verpflichtung sich selbst gegenüber.

„Baden-Powells Konzept einer Gesundheitserziehung entspricht den heutigen Forderungen der Schulmedizin bezüglich einer Vermeidung von Risikofaktoren wie Übergewicht, Bewegungsmangel, Stress oder Nikotigenuss" (Gerr [2]2009, S. 62). Zu einem natürlichen und naturverbundenem Leben gehören unter anderem eine sinngerechte und einfache Lebensgestaltung (Verzicht auf übermäßiges Konsumieren), ein Leben in und mit der Natur und eine aktive Mitverantwortung für die Schöpfung (vgl. Gerr [2]2009, S. 59).

Im Hinblick auf die Gesunderhaltung im Alter ist eine Verwirklichung dieses Grundsatzes von großer Bedeutung. Durch eine Lebensgestaltung, die durch Einfachheit, Sparsamkeit und Mäßigkeit gekennzeichnet ist (Verzicht auf unnötigen Luxus und ständige Benutzung des Autos aus Gründen der Bequemlichkeit etc.) können Senioren und Seniorinnen einen Beitrag zur Erhaltung der natürlichen Lebensgrundlagen (Klima- und Umweltschutz) leisten (vgl. Gerr 2000, S. 52 f.).

Baden-Powells pädagogischer Entwurf für eine Kinder- und Jugenderziehung kann als der umfassendste der reformpädagogischen Bewegung angesehen werden; deshalb kann sein Entwurf einer pfadfinderischen Selbsterziehung wesentliche Impulse für ein zeitgemäßes Erziehungssystem vermitteln. Auch bei der Entwicklung einer gerontagogischen Konzeption für eine Arbeit mit Frauen und Männern im Seniorenalten können solche pfadfinderische Elemente als wertvolle Anregungen dienen. Ein Lernen durch Handeln und Erfahrung, die Orientierung an den Bedürfnissen der Seniorinnen und Senioren, eine Seniorenarbeit in kleinen Gruppen, ein naturverbundenes und gesundes Leben, eine Orientierung an demokratischen Werten beim Handeln sowie erlebnisreiche und abenteuerliche Unternehmungen können Elemente einer tragfähigen Seniorenkonzeption sein. Solche Grundsätze sind von fundamentaler Bedeutung für eine erfolgreiche Seniorenarbeit.

4. Aspekte zur Entwicklung einer gerontagogischen Konzeption

Ziel dieser Abhandlung ist es, Gesichtspunkte für die Entwicklung eines gerontagogischen Handlungsmodells aufzuzeigen, die Anstöße für die Umsetzung einer Seniorenarbeit in den Kommunen vermitteln können. Bei einer gerontagogischen Konzeption zur Seniorenarbeit kann man drei Bereiche unterscheiden: Ziele, Inhalte (Programme) und Methoden. Diese drei Bereiche, die sich überschneiden können, sind in einen sinnvollen Zusammenhang zu bringen. „Sinnvoll" bedeutet, dass man sich in diesen drei Bereichen bei der praktischen Seniorenarbeit an den altersspezifischen, aber auch individuellen Interessen, Wünschen und Bedürfnissen der Menschen im Seniorenalter orientiert. Diese theoretischen Gesichtspunkte müssen also ständig in der gerontagogischen Praxis überprüft und den Gegebenheiten vor Ort sowie den Bedürfnissen in den Seniorenkreisen angepasst werden.

4.1 Methodische Gesichtspunkte

Einige, die Pfadfindermethode kennzeichnende Grundsätze, die in einem engen Zusammenhang zu sehen sind, könnten auch bei einer Seniorenarbeit Berücksichtigung finden.

4.1.1 Bildung kleiner Seniorengruppen (Freundeskreise)

Hinsichtlich der sozialen Strukturen bei einer Seniorenarbeit ist in Anlehnung an das pfadfinderische Kleingruppensystem die Bildung von bzw. das Zusammenfinden in **kleinen Gruppen** mit maximal zehn Männern und Frauen im Seniorenalter sinnvoll, wobei sich diese Kleingruppen als Freundschaftskreise verstehen sollten. Dieses Organisationsprinzip wird der Tatsache gerecht, dass Menschen nicht nur personale, sondern auch soziale Wesen sind, die in jedem Alter in einer Gemeinschaft Gleichgesinnter integriert sein möchten. Damit wird auch einer Vereinsamung älterer Menschen vorgebeugt.

Eine Gruppe, in der die Senioren ihre Angelegenheit selbst regeln können, bietet einen **Erfahrungsraum für soziales Lernen.** Gruppenfähigkeit schließt u. a. Kompetenzen wie das Vertreten des eigenen Standpunktes, Kritikfähigkeit, Sensibilität für eigene und fremde Bedürfnisse (Empathie) und Interaktionsfähigkeit ein. Solche Fähigkeiten können bei der Bewältigung von Alltagssituationen sehr hilfreich sein (vgl. Gerr 2000, S. 92). Trotz vielleicht unterschiedlicher Wünsche und Bedürfnisse können Senioren in einer Kleingruppe gegenseitige Akzeptanz, Vertrauenssicherheit und Freundschaft erfahren, was zu einer Steigerung der Selbstachtung führen und gleichzeitig die Bereitschaft zur **Übernahme von Verantwortung** in der Gruppe fördern kann.

Bei Bedarf können in den Kommunen mehrere Kleingruppen mit Senioren entstehen. Einerseits können diese Gruppen eine eigenständige Arbeit mit eigenen Zielsetzungen und Programmen leisten, andererseits wäre im Hinblick auf eine Kontaktpflege oder bei Durchführung einer größeren Aktion (beispielsweise bei einem Gemeindeprojekt) eine **Zusammenarbeit der Freundeskreise** sinnvoll. In den Kleingruppen sollte eine **demokratische Struktur** bestehen. Um bei einer Zusammenarbeit den Bedürfnissen aller gerecht zu werden, wäre die Einrichtung eines **Seniorenrats,** in den jeweils zwei Sprecher bzw. Sprecherinnen aus den Gruppen gewählt werden, hilfreich. Auf diese Weise können die Interessen aller Gruppenmitglieder bei der vorläufigen Planung der gemeinsamen Unternehmung vertreten werden. Beim endgültigen Entscheidungsprozess sollten im Hinblick auf die Berücksichtigung aller Bedürfnisse möglichst alle Senioren und Seniorinnen beteiligt werden. (vgl. **Schema 1!**).

Demokratische Entscheidungsprozesse, bei denen die Befriedigung der Wünsche und Bedürfnisse möglichst aller berücksichtigt werden, können nach folgender Struktur herbeigeführt werden: Vorschläge, die auf wenig Interesse stoßen, werden ausgesondert; Vorschläge, die von mehreren Gruppenmitgliedern akzeptiert werden, sind im Hinblick auf Verwirklichungsmöglichkeiten zu reflektieren; danach können Änderungsvorschläge eingebracht und diskutiert werden, um schließlich eine vorläufige Entscheidung durch einen Mehrheitsentschluss aller Mitglieder herbeizuführen. Sollte danach noch Unzufriedenheit bei einigen Senioren oder Seniorinnen bestehen, sind Kompromissvorschläge zu überlegen. Ziel des Entscheidungsprozesses ist es, den Bedürfnissen und Wünschen möglichst aller gerecht zu werden (vgl. Gerr [2]2009, S. 46).

Gruppenstruktur

**Mehrere Kleingruppen
mit 8 – 10 Senioren und Seniorinnen
bilden eine größere Seniorengemeinschaft.
Damit wird eine Aktionsfähigkeit
bei größeren Unternehmungen
erreicht.**

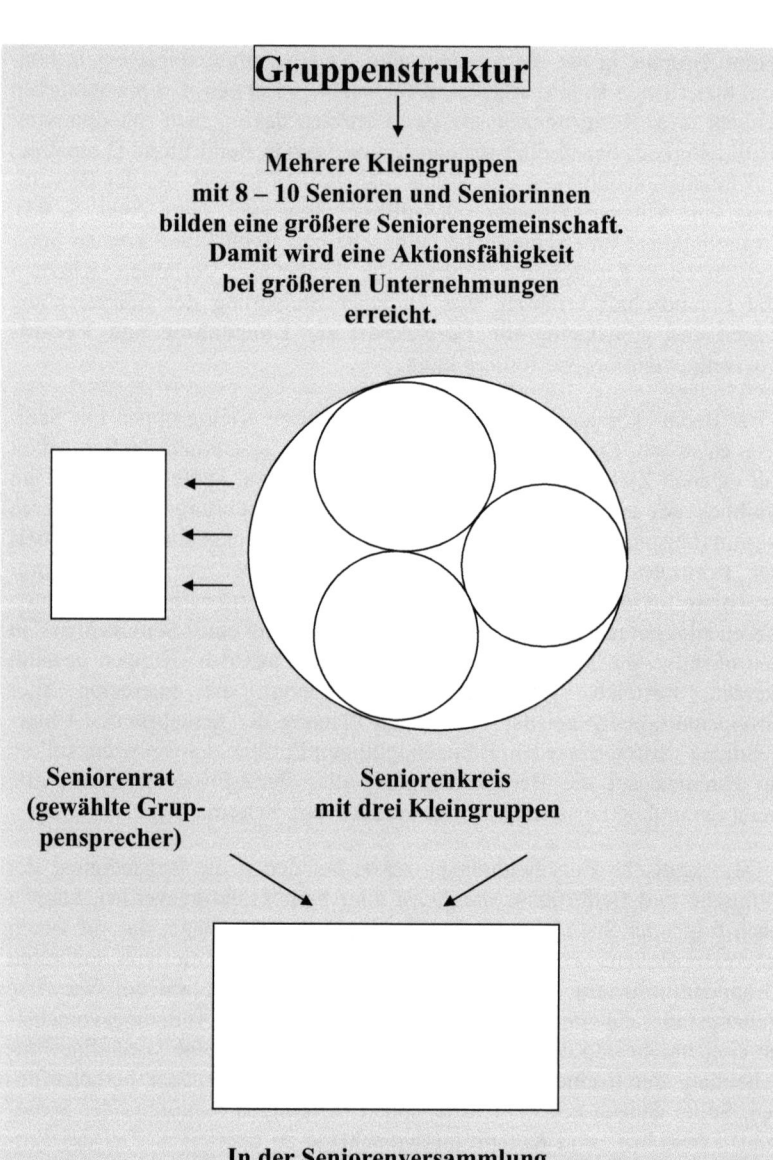

**Seniorenrat
(gewählte Grup-
pensprecher)**

**Seniorenkreis
mit drei Kleingruppen**

**In der Seniorenversammlung
beschließen <u>alle</u>
die gemeinsamen Unternehmungen!**

Schema 1

Wünschenswert wäre die Aufnahme von Frauen und Männern in einen Seniorenkreis zu einem möglichst frühen Zeitpunkt nach Ausscheiden aus dem Arbeitsleben. Zu einer regelmäßigen Teilnahme an den Gruppentreffen sollten sich alle Mitglieder verpflichten.

Offenheit für alle älteren Mitbürger als Merkmal einer Seniorenarbeit wäre ebenfalls wünschenswert. Auch den bereits pflegebedürftigen Senioren sollte die Teilhabe am Gemeinschaftsleben in den Kreisen ermöglicht werden; sie könnten sich im Rahmen ihrer noch vorhandenen Fähigkeiten am Gruppenleben beteiligen.

4.1.2 Bedürfnisorientierte Aktivitäten und Offenheit für neue Erfahrungen

So manche Menschen im Seniorenalter können nach dem Ausscheiden aus dem Berufsleben die plötzlich gewonnene Freizeit nicht mit sinnvollen Aktivitäten ausfüllen. Sie verbringen mit zunehmendem Alter immer mehr Zeit vor dem Fernseher. Starker Medienkonsum aber bringt unter anderem Bewegungsmangel und den Verlust an ursprünglichen (echten) Erfahrungen mit sich. Negative Auswirkungen können sich hinsichtlich eines schnelleren Verlustes der körperlichen Mobilität und der geistigen Flexibilität zeigen. Bewegungsmangel ist beispielsweise auch in gesundheitlicher Hinsicht ein Risikofaktor. Dem Prinzip eines „lebenslangen Lernens" kann man aber nur gerecht werden, wenn auch in der letzten Lebensphase Männer und Frauen zur **Eigenaktivität** angeregt werden.

Die Integration älterer Menschen in einen Seniorenkreis kann einen motivierenden Effekt bezüglich einer stärkeren Eigenaktivität und Eigeninitiative ausüben und damit eine Erweiterung des Erfahrungsraumes bewirken. Weiterhin können gemeinschaftliche Aktivitäten bei den Senioren und Seniorinnen die **Offenheit für neue Erfahrungen** fördern und damit „lebenslanges Lernen" ermöglichen. Zu authentischen (echten) Erfahrungen für den Einzelnen kann es in der Seniorenarbeit nur kommen, wenn die Erlebnisse und gemeinsamen Aktivitäten im Hinblick auf bestimmte Verhaltensweisen, die in Gruppenregeln von allen akzeptiert wurden, einer gedanklichen Reflexion unterzogen werden (vgl. **Schema 3!**). Thema einer solchen Reflexion in der Gruppe kann beispielsweise ein Konflikt sein, der während einer Unternehmung aufgetreten ist. Die Art der Bewältigung und weitere mögliche Konfliktlösestrategien können über ein Rollenspiel erfahren und erkannt werden.

Aktivitäten mit Erlebnis- und Abenteuercharakter, die vor allem in der freien Natur ihren Ort haben, erhöhen nicht nur, wie bereits betont, die Attraktivität einer Seniorenarbeit; solche nicht alltägliche **Kontrasterfahrungen** können die Beteiligten zu einem „kritischen Überdenken der heute in den Industrieländern bestehenden konsumorientierten Lebensweise führen und Anstöße für eine sinngerechte und natürliche Lebensgestaltung vermitteln" (vgl. Gerr [2]2009, S. 35). Mit einer erlebnis- und abenteuerorientierten Seniorenarbeit eröffnen sich Chancen, Menschen im Seniorenalter aus einer gewohnten Konsumhaltung herauszuführen und zu einer gesunden und aktiven Lebensgestaltung anzuregen.

4.1.3 Leben demokratischer Werte

Seniorinnen und Senioren möchten gerne anderen Menschen und der Allgemeinheit zunutze sein. Die Erkenntnis, benötigt zu werden, vermittelt ihnen das Gefühl, dass ihr Leben auch im Alter einen Wert besitzt. Häufig wird gerade von älteren Menschen der Werteverlust in Politik und Gesellschaft beklagt. In einer Gemeinschaft mit Gleichgesinnten werden größere und wirkungsvolle Unternehmungen möglich, die sich an demokratischen Werten orientieren.

Demokratische Werte drücken sich im Umgang mit der Schöpfung aus. Das Leben demokratischer Werte setzt voraus, dass man allem Leben (Tieren, Menschen, Pflanzen) mit Respekt begegnet. Im Hinblick auf das Leben von „**Demokratie als Lebensform**" (vgl. Dewey 1993, S. 121) werden von den Mitgliedern einer Seniorengemeinschaft bestimmte Fähigkeiten, die auch manche ältere Menschen nicht in vollem Umfang besitzen, erwartet. Zu den Qualifikationen gehören unter anderem:

- **Toleranz**: Sie ist eine wesentliche Voraussetzung für ein demokratisches und friedliches Zusammenleben. Diese Fähigkeit schließt ein, nicht die „eigenen Maßstäbe zu verabsolutieren", sondern auch vom „Standpunkt des anderen zu sehen" (vgl. Becker/Conolly-Smith 1976, S. 47). Tolerantes Verhalten zielt unter anderem auf ein „Erkennen und Akzeptieren von Andersartigkeit, von (…) unterschiedlichen Ansprüchen (…) und Bedürfnissen und Interessen"; dies bedeutet, dass in einer konkreten Situation, die eigenen Wünsche zurückgestellt werden müssen (vgl. Gerr 2000, S. 147 f.).

- **Kompromissfähigkeit**: Ein demokratisches Zusammenleben ist ohne Kompromissfähigkeit nicht möglich. Die Fähigkeit von Personen, Kompromisse schließen zu können, wird nicht nur im öffentlichen Leben (beispielsweise bei der Arbeit im Gemeinderat) benötigt; auch im privaten Bereich wie in den Familien oder in Freundeskreisen kommt man ohne Kompromissfähigkeit nicht aus. Das Einüben dieser wichtigen „demokratischen Norm" darf allerdings nicht dazu führen, dass in der Seniorengemeinschaft die „Anstrengungsbereitschaft zur Findung einer gemeinsamen Lösung, bei der auch die Bedürfnisse einer Minderheit berücksichtigt werden, nachlässt" (vgl. Gerr 2000, S. 148).

- **Konfliktfähigkeit**: Diese Qualifikation wird benötigt, um eine Konfliktsituation auf demokratische Weise regeln zu können. Dazu gehören so wichtige Fähigkeiten wie das „Erkennen der eigenen Motive (…), die Verbalisierung der eigenen Bedürfnisse, Wünsche und Gefühle, (…) die Bereitschaft zur friedlichen Lösung eines Konflikts, einfühlendes Verstehen und Respektieren anderer Verhaltensweisen" oder die „Fähigkeit zur konstruktiven Kritik und Selbstkritik (…)" (vgl. Gerr 2000, S. 148).

- **Solidarität**: Diese Fähigkeit setzt ein Erkennen der Hilfsbedürftigkeit, der Benachteiligung oder der Unterdrückung voraus. Eine aktive Mitverantwortung für die Benachteiligten, Armen und Schwachen in der Gesellschaft zeigt sich hinsichtlich der Schaffung „gleicher Rechte für alle Menschen", der „Achtung ihrer personalen Würde" und der „Befriedigung ihrer existenziellen Grundbedürfnisse" (vgl. Sekretariat der Deutschen Bischofskonferenz 1989, S. 71).

Bei der Wertebildung kann man von einem kontinuierlichen Prozess ausgehen, der auch im Seniorenalter noch nicht ganz abgeschlossen ist. Eine Hilfe beim Leben von demokratischen Werten können Verhaltensregeln (Normen) sein, an denen man das Handeln im Hinblick auf Werte überprüfen kann. Bei einer regelmäßigen gedanklichen Auseinandersetzung mit dem Verhalten in konkreten Situationen im Hinblick auf Werte und Regeln kann es zu einem bewussten Handeln kommen, das sich an demokratischen Werten orientiert. Deshalb ist auch in einer Seniorenarbeit die Integration von Handeln, Wertorientierung und Reflexion von Bedeutung.

Um ein Akzeptieren der demokratischen Verhaltensregeln (Normen) zu gewährleisten, sollten in den Seniorengemeinschaften die Regeln selbst formuliert werden. Nur bei einer persönlichen Verpflichtung auf die Werte, die durch die Normen repräsentiert werden, kann es zu einer bewussten, an demokratischen Werten orientierten Lebensgestaltung kommen. Beispielsweise könnten solche selbst formulierten Gruppenregeln lauten:

- Wir pflegen die Freundschaft in den Seniorengruppen!
- Wir beteiligen uns aktiv an allen Unternehmungen!
- Wir leben gesund und natürlich!
- Wir schützen die Natur und die lebende Mitwelt!
- Wir setzen uns aktiv für die Armen und Schwachen in der Gesellschaft ein!
- Wir führen ein Leben in Frieden und Toleranz!
- Wir setzen uns kritisch mit den gesellschaftlichen Problemen auseinander!
- Wir halten Kontakt zur jungen Generation und setzen uns für deren Zukunftssicherung ein!
- Wir schützen das Klima durch eine entsprechende Lebensgestaltung!
- Wir begegnen allen Menschen mit Respekt ohne Unterschied von Herkunft, Hautfarbe oder Glaubensbekenntnis!

Eine Auseinandersetzung mit solchen Regeln kann auch schwerpunktmäßig bei der Programmgestaltung erfolgen; beispielsweise kann im Hinblick auf eine gesunde Ernährung ein entsprechender Kochkurs besucht werden.

4.2 Ziele einer Seniorenarbeit

Wie in den öffentlichen Erziehungseinrichtungen, sollte Leitziel einer Seniorenarbeit eine umfassende Förderung der Menschen in dieser Altersstufe sein. Zu den Bereichen einer Persönlichkeitsförderung der Senioren und Seniorinnen zählen unter anderem im **körperlichen Bereich** die Förderung aller Sinne oder der Grob- und Feinmotorik, im **intellektuellen Bereich** die Förderung der Neugierde, des Wissensdurstes oder des Problemlösens und im **emotionalen Bereich** die Förderung der Wahrnehmung und des Ausdrückens eigener Gefühle und des Einfühlungsvermögens.

Der Förderung von **Spiritualität** kommt im Seniorenalter besondere Bedeutung zu. Zu diesem Bereich gehören unter anderem das „Endecken des Wunders der Schöpfung in der Natur", das „Begreifen der Meditation als Teil des Lebens", die „Selbstfindung in der Stille" und die „Übernahme von Verpflichtungen aus spirituellen oder religiösen Gründen", um beispielsweise einen Beitrag zu leisten, die Schöpfung zu bewahren (vgl. Gerr ²2009, S. 10). Spiritualität kann in der letzten Lebensphase dazu beitragen, dass das Leben an Tiefe gewinnt.

Auch im Bereich des **sozialen Lernens** ist eine weitere ausgewogene Förderung der **Selbstkompetenz** (Steigerung des Selbstvertrauens, Erkennen und Anerkennen der eigenen Stärken und Schwächen, Kritik- und Entscheidungsfähigkeit etc.) und der **Sozialkompetenz** (Kontakt- und Kooperationsfähigkeit, einfühlendes Verstehen, Entgegenbringen von Vertrauen, Konfliktfähigkeit, Rücksichtnahme und Hilfsbereitschaft, Toleranz, solidarisches Verhalten etc.) durch Handeln und Reflexion nach den Unternehmungen in der Seniorenarbeit möglich.

Im Bereich der Zielsetzungen ist eine Orientierung an den Bedürfnissen der Menschen im Seniorenalter ebenfalls unerlässlich. Trotz unterschiedlicher individueller Wünsche gibt es auch Grundbedürfnisse, denen Rechnung zu tragen ist. So wird ohne Befriedigung sozialer oder emotionaler Bedürfnisse eine Seniorenarbeit voraussichtlich scheitern.

Folgende Zielsetzungen können beispielsweise bei der Seniorenarbeit vorgenommen werden (vgl. auch **Schema 2**!):

- Förderung der körperlichen Mobilität;
- Förderung der geistigen Flexibilität;
- Erkennen der individuellen Ressourcen und Potenziale im Alter;
- Förderung der Übernahme von Mitverantwortung;
- Förderung der Aktivität und Eigeninitiative;
- Förderung der Kreativität;
- Förderung der Offenheit für neue Erfahrungen;
- Förderung der gesundheitlichen Stabilität;
- Naturverbundenheit und natürliche Lebensgestaltung;
- Mitverantwortung für die Schöpfung;
- Leben demokratischer Werte;

Seniorenarbeit

Orientierung an den Wünschen und Bedürfnissen
älterer Menschen

Ziele:	Methoden:	Inhalte/Pro-gramme:
- körperliche Mobilität; - geistige Flexibilität; - Gesundheit; - natürliche Lebensgestaltung; - Mitverantwortung für die Schöpfung; - Aktivität und Eigeninitiative; - Übernahme vor Verantwortung; - Offenheit für neue Erfahrungen; - Leben demokratischer Werte; - Sinnfindung und Leben religiöser Werte; - Befriedigung emotionaler Bedürfnisse; - Befriedigung der Bedürfnisse nach Erholung und Entspannung; - Befriedigung des Bedürfnisses nach sozialer Integration; - Mitwirkung bei öffentlichen Aufgaben etc.	- Kleingruppenarbeit mit etwa zehn Mitgliedern mit eigenen Zielsetzungen und selbst organisierten Unternehmungen sowie zeitweiliger Zusammenarbeit mit anderen Seniorengruppen im Hinblick auf Kontaktpflege und Durchführung größerer Aktionen; - Leben demokratischer Werte in den Freundschaftskreisen/Orientierung an den ererarbeiteten ethischen Gruppenregeln; - gemeinsame Entscheidungen für Aktivitäten und Offenheit für neue Erfahrungen etc.	- Wanderung in der Natur mit gemütlichem Beisammensein als Abschluss; - Konzert- und Theaterbesuche; - Organisieren einer Busfahrt mit Besichtigungsprogramm; - karitatives Engagement; - Teilnahme am Seniorensport; - Beschäftigung mit einem literarischen Werk; - kreatives Gestalten; - Mithilfe bei der Durchführung eines Gemeindeprojekts; - Beschäftigung mit dem Thema „gesunde Ernährung"/Teilnahme an einem Kochkurs; - Beschäftigung mit Themen wie „Patientenverfügung" oder „Testament" etc.

Schema 2

- Leben von religiösen Werten und Selbstfindung;
- Mitverantwortung bei öffentlichen Aufgaben durch Einbringen der Fähigkeiten und Erfahrungen;
- Befriedigung emotionaler und sozialer Bedürfnisse;
- Befriedigung des Bedürfnisses nach Erholung und Entspannung.

4.3 Attraktive Programme (Inhalte)

Im Bereich der Programmgestaltung ist ebenfalls eine Orientierung an den Interessen, Wünschen und Bedürfnissen der Gruppenmitglieder unerlässlich. Die Aktivitäten sollten anregend sein und auf den Interessen der Beteiligten basieren. Mit der Attraktivität der Programme kann eine Seniorenarbeit sehr erfolgreich sein, ebenso wie vorgesetzte Programme, denen wenig Interesse entgegengebracht wird, diese Arbeit zum Scheitern bringen können. Aus diesem Grund sollte die Programmgestaltung grundsätzlich von der Seniorengemeinschaft selbst entwickelt werden.

Attraktive Unternehmungen und interessante Aktivitäten können aus allen Lebensbereichen entwickelt werden. Dazu gehören unter anderem der kulturelle, der handwerklich-technische, der gesellschaftlich-soziale, der politische und der religiös-spirituelle Bereich. Auch die Bereiche „Sport und Spiel", „Natur und Umwelt" oder „Reisen" können bei der Programmgestaltung berücksichtigt werden.

Bei Interesse der Seniorinnen und Senioren können beispielsweise folgende Unternehmungen und Aktivitäten Programmpunkte der gemeinsamen Arbeit sein (vgl. auch **Schema 2!**):

- Naturkundliche Wanderung mit gemütlichem Beisammensein als Abschluss;
- Beschäftigung mit einem literarischen Werk;
- karitatives Engagement in Zusammenarbeit mit der Kirchengemeinde;
- Organisation einer Busfahrt mit Besichtigungsprogramm;
- Beschäftigung mit Themen wie „Patientenverfügung" oder „Anfertigen eines Testaments";
- Teilnahme an Kursen für Senioren zur Förderung der gesundheitlichen Stabilität;

- Teilnahme an einem Kochkurs zur gesunden Ernährung;
- Konzert- und Theaterbesuche;
- Mitwirkung bei einer Baumpflanzaktion;
- Durchführung von musisch-künsterischen Workshops;
- Vorbereitung und Durchführung eines Spielfestes für Kinder mit Behinderung;
- Gestaltung einer Weihnachtsfeier;
- Sammelaktion für die „Welthungerhilfe";
- Teilnahme am Seniorensport;
- Mitwirkung bei einem Denkmalschutzprojekt in der Gemeinde etc.

Die Ideen für die Gestaltung eines Jahresprogramms entstehen meist auf Grund von Erlebnissen oder auftretenden Problemen im Alltag. Einen Beitrag für die Reduzierung eines Problems in der Gemeinde zu leisten, ist häufig die Motivation zur Durchführung eines Projekts oder für die aktive Teilnahme an einer Gemeindeaktion.

Damit Vorschläge und Durchführungsideen nicht vergessen werden, sollten sie schriftlich in einem Art „Ideenspeicher" festgehalten werden.

Die Ziele, Methoden und Inhalte (Programme) einer gerontagogischen Konzeption für die kommunale Seniorenarbeit können sich überschneiden. So kann beispielsweise ein „gesundes und natürliches Leben" als Ziel gesehen, aber auch als freiwillig übernommener Lebensgrundsatz oder als Programmpunkt innerhalb der Seniorenarbeit verwirklicht werden.

Lebenslanges Lernen
im
Seniorenalter:

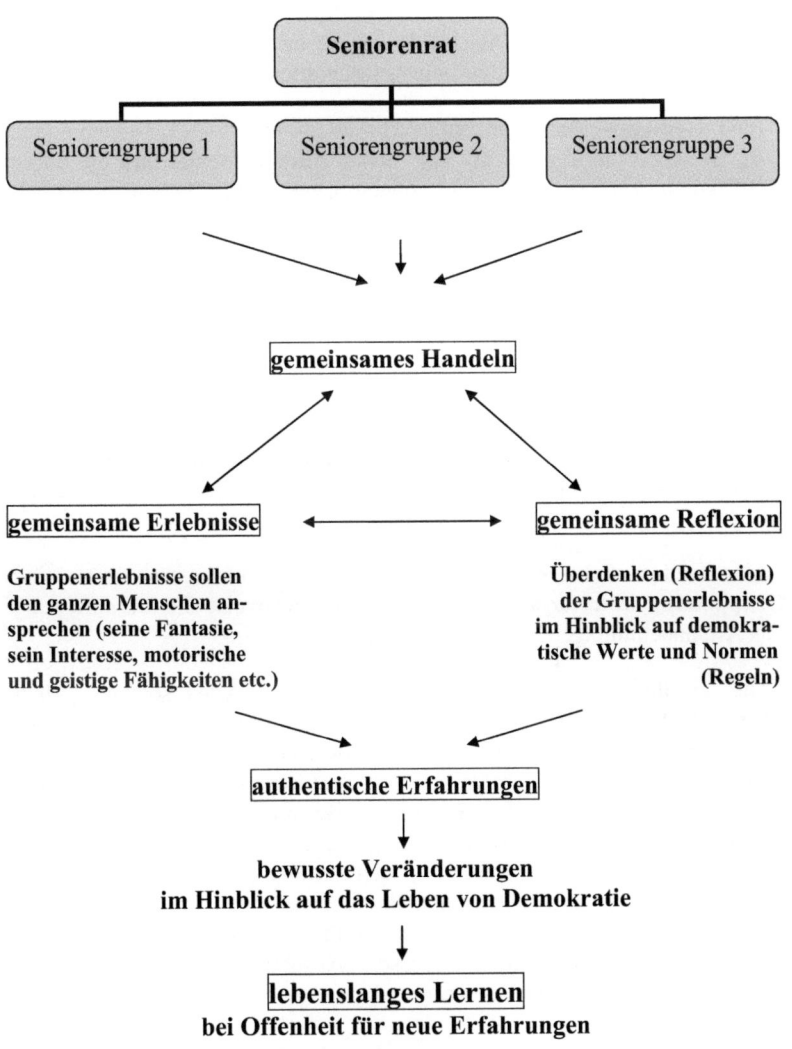

Seniorenrat

Seniorengruppe 1 Seniorengruppe 2 Seniorengruppe 3

gemeinsames Handeln

gemeinsame Erlebnisse ←→ **gemeinsame Reflexion**

Gruppenerlebnisse sollen
den ganzen Menschen an-
sprechen (seine Fantasie,
sein Interesse, motorische
und geistige Fähigkeiten etc.)

Überdenken (Reflexion)
der Gruppenerlebnisse
im Hinblick auf demokra-
tische Werte und Normen
(Regeln)

authentische Erfahrungen

bewusste Veränderungen
im Hinblick auf das Leben von Demokratie

lebenslanges Lernen
bei Offenheit für neue Erfahrungen

Schema 3
(vgl. Gerr 2009, S. 38)

25

5. Organisatorische Gesichtspunkte

Die Seniorenarbeit wird heute meist als Bereich der Sozialarbeit gesehen. Eine Interventionsform ist die **Einzelfallhilfe**, die zur Lösung sozialer, gesundheitlicher oder psychischer Probleme im Einzelfall beitragen soll; die Einzelfallhilfe wird in allen Lebensabschnitten gewährt.

Eine **Gemeinwesenarbeit** findet vor allem in sozialen Brennpunkten statt, in denen unter anderem ein hoher Ausländeranteil und ein hohes Konfliktpotenzial vorhanden sein können. Eine solche Gemeinwesenarbeit umfasst ebenfalls alle Altersstufen.

Bei der **gemeinwesenorientierten Seniorenarbeit** wird ein **Seniorenrat** (**Seniorenbeirat**) gebildet, der die Interessen der älteren Bürgerinnen und Bürger vertritt; häufig geht es dabei um eine Verbesserung der Rahmenbedingungen für die Lebensgestaltung älterer Menschen. Eine wichtige Aufgabe eines solchen Seniorenrates oder Seniorenbeirates ist es, Anregungen, berechtigte Wünsche und Bedürfnisse der Seniorinnen und Senioren entgegenzunehmen, um diese gegebenenfalls in Form von Anträgen an den betreffenden Stadt- oder Gemeinderat bzw. an den Kreistag weiterzuleiten.

Eine weitere Form sozialer Arbeit auf der kommunalen Ebene sind **Gruppenangebote** für ältere Menschen, beispielsweise die Durchführung von Altennachmittagen oder Adventsfeiern.

Die bewährten Interventionsformen bzw. diese Arten sozialer Arbeit entsprechen nicht dem hier entwickelten Handlungsmodell einer gerontagogischen Seniorenarbeit. Diese wichtigen Bereiche sozialer Arbeit können auch nicht durch eine gerontagogische Seniorenarbeit, wie sie hier beschrieben ist, ersetzt werden. Beispielsweise sind Gruppenangebote auf kommunaler Ebene weiterhin wichtig, da nicht alle Seniorinnen und Senioren für eine aktive Mitarbeit in den Seniorenkreisen gewonnen werden können. Viele ältere Menschen finden einen Sinn im letzten Lebensabschnitt, indem sie sich zum Beispiel um ihre Enkelkinder kümmern oder einem Hobby nachgehen, zu dessen Ausübung sie während ihrer Berufstätigkeit zu wenig Zeit hatten.

Der **Seniorenrat bei einer geragogischen Arbeit** hat die Aufgabe, gemeinsame Aktionen der kleinen Seniorengruppen zu planen, was in einer großen Gruppe schwierig ist. Die in den Seniorenrat gewählten Gruppenvertreter bzw. Gruppenvertreterinnen bringen bei der Planung die Wünsche und Interessen der Mitglieder ihrer Gruppe mit ein (vgl. **Schema 1!**). Bei der gerontagogischen Arbeit sind **Selbstorganisation** und **Selbstregulierung** wichtige Grundsätze. Angebote einer Kommune können zwar angenommen werden, eine insgesamt von außen gesteuerte Seniorenarbeit entspricht jedoch nicht dem Wesen des hier dargestellten Modells.

Bei der Umsetzung des hier entwickelten Entwurfes sollte eine dauerhafte Mitwirkung bezahlter Sozialpädagogen nur sehr bedingt stattfinden. Beim Aufbau der Seniorenarbeit in einer Kommune können allerdings Sozialpädagogen Hilfen gewähren und Anregungen geben. Solche Hilfen können im Hinblick auf eine effiziente Seniorenarbeit erfolgen, beispielsweise beim Einüben von Handlungsformen wie das Rollenspiel oder das Planspiel. Auch Anregungen hinsichtlich der Vorbereitung und Durchführung eines Projekts können bereichernd für die Seniorenarbeit sein.

In der Aufbauphase kann also eine Gruppenberatung durch erfahrene Sozialpädagogen oder pensionierte Berufspädagogen eine wichtige Unterstützung bedeuten. Eine **Supervision** ist nicht nur hinsichtlich der Methodenkompetenz hilfreich. Eine Gruppenberatung kann unter anderem auch bezüglich des sozialen Verhaltens der Senioren untereinander und dessen Aufarbeitung notwendig werden. Die Reflexion und die Bewusstmachung von gruppendynamischen Prozessen sind ebenfalls Aufgaben der Supervisoren.

Geregelt werden muss auch die Trägerschaft, die im Allgemeinen von der Kommune oder der Kirchengemeinde übernommen werden kann, und die auch die Räumlichkeiten zur Verfügung stellen sollte. Bezüglich der Beschaffung von Geldmitteln ist die Gründung eines gemeinnützigen Vereins zu überlegen.

Im Hinblick auf eine effektive Seniorenarbeit ist es wünschenswert, dass bei der Werbung von Gruppenmitgliedern bereits auch die „jüngeren Alten" (ab etwa sechzig Jahre) zur Mitarbeit angeregt werden. Ein persönliches Ansprechen oder die Einladung zu einer Aktion kann dabei ein guter Weg sein.

Beim Aufbau einer gerontagogischen Arbeit ist es von Bedeutung, sich Anregungen für mögliche Aktivitäten und für das Einsetzen von Material über die Literatur zu besorgen. Unter den Stichwörtern „Seniorenarbeit", „Geragogik" oder „Altenpädagogik" kann man sich im Internet einen Überblick über die zahlreichen Veröffentlichungen verschaffen. Eine theoretische Abhandlung zur Geragogik ist beispielsweise im Klinkhardt Verlag, Bad Heilbrunn, erschienen:

- Hubert Klingenberger: Handbuch Altenpädagogik. Aufgaben und Handlungsfelder einer ganzheitlichen Geragogik.

Im Verlag Bergmoser + Höller wird die Reihe (Themenhefte) „Baussteine Altenarbeit" herausgegeben. In dieser Reihe werden themenorientierte und praxiserprobte Materialien für Aktivitäten in einer offenen Seniorenarbeit (beispielsweise für die Gestaltung eines Seniorennachmittags) angeboten.

Im Hinblick auf die Erlangung einer Methodenkompetenz ist die Schulung von Seniorensprechern von großer Bedeutung; sie kann wesentlich zu einer erfolgreichen Seniorenarbeit beitragen. Zur Methodenkompetenz gehören u. a. die Beherrschung von Handlungsformen wie die verbale Kommunikation (Gespräch, Diskussion, „Themenzentrierte Interaktion" nach Ruth Cohn, Reflexion), Strategien der Konfliktlösung, Techniken der Erkundung, der Planung und Dokumentation, Rollen- und Planspiel, das Interview oder das Projekthandeln. Beratungen und Kurse für Multiplikatoren bietet die „Bundesarbeitsgemeinschaft der Senioren-Organisationen e. V." (BAGSO) an:

Bonngasse 10, 53111 Bonn, Tel. 0228-2499930,
E-Mail: kontakt@bagso.de.

Von der BAGSO, ein Dachverband mit mehr als 100 Organisationen mit etwa 13 Millionen älteren Menschen, kann auch Material für eine Seniorenarbeit bezogen werden.

Bei einer solchen, nach pfadfinderischem Vorbild gestalteten Seniorenarbeit wäre es auch für ältere Menschen möglich, „Seniorscouts" bzw. „Pfadfinderinnen/Pfadfinder trotz Alter" („PtA") zu werden und den Weg zu einer sinnvollen Gestaltung des letzten Lebensabschnitts zu finden und zu gehen.

Literatur

Baden-Powell, R.: Aids to Scoutmastership. London 1920.

Becker, A.; Conolly-Smith, E.: du – ich – wir. Handbuch der emotionalen und sozialen Erziehung. Ravensburg 1975.

Sekretariat der Deutschen Bischofskonferenz (Hrsg.): Europäische Ökumenische Versammlung. Frieden und Gerechtigkeit. Basel, 15.-21. Mai 1989. Das Dokument. Bonn 1989.

Dewey, J.: Demokratie und Erziehung. Weinheim und Basel 1993.

Gerr, H. E.: Pfadfindererziehung. Baden-Powells Entwurf einer Erziehung durch Scouting. Einflüsse und Entwicklungstendenzen. Baunach ²1996.

Gerr, H. E.: Pfadfinden. Erziehungsziele, pädagogische Grundsätze und bedürfnisorientierte Arbeit in den Altersstufen. Baunach 1998.

Gerr, H. E.: Die Pfadfindermethode. Zur Aktualität pfadfinderischer Erziehungsgrundsätze. Praxisbeispiele und Handlungsformen. Baunach 2000.

Gerr, H. E.: Aspekte zur Förderung der Kreativität im Unterricht. München und Ravensburg 2008.

Gerr, H. E.: Einführung in die Pfadfinderpädagogik. Ein Handbuch für Leiterinnen und Leiter. München und Ravensburg ²2009.

Montessori, M.: Das Kind in der Familie. Stuttgart 1954.

Otten, D.; Melsheimer, N.: Lebensentwürfe „50plus". In: APuZ 41/2009. S. 31-36.

Petersen, P.: Der Kleine Jena-Plan. Weinheim und Basel 1980.

Röhrs, H.: Die Reformpädagogik und ihre Perspektiven für eine Bildungsreform. Donauwörth 1991.

Schwarz, K.: Die Kurzschulen Kurt Hahns. Ratingen 1968.

WOSM (Hrsg.): Die Grundlagen der Pfadfinderbewegung. Neuss 1997.

Der Verfasser:

Hans E. Gerr, Jahrgang 1937, wohnhaft in Bad Kissingen

Dr. phil., Diplom-Pädagoge; berufliche Tätigkeiten: Bank-Kaufmann, Lehrer an Grund- und Hauptschulen, Sonderschullehrer/Schulleiterstellvertreter und Dozent am Lehrstuhl für Grundschulpädagogik und Grundschuldidaktik der Universität Würzburg. Langjähriges ehrenamtliches Engagement in der pfadfinderischen Jugendarbeit und Erwachsenenbildung (Aus- und Fortbildung von Leiterinnen und Leitern). Zahlreiche erziehungswissenschaftliche Publikationen, darunter fünf Bücher (Monographien).